# Inhalt

# Die Sinne des Menschen

**1    Reize und Sinnesorgane**

Beschrifte die Skizze! Benenne die aufnehmenden Sinnesorgane und die adäquaten Reize!

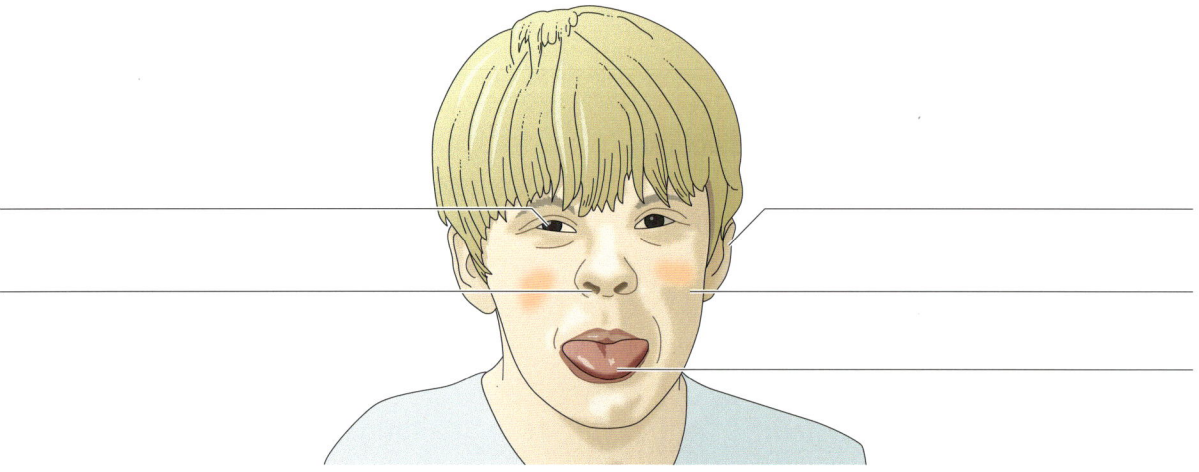

**2    Grün oder Blau?**

Über manche Farbtöne gibt es regelmäßig Diskussionen, ebenso über den Ablauf bestimmter Geschehnisse. Auch wenn zwei Personen dieselbe Situation beobachtet haben, stimmen ihre Aussagen nicht immer überein, obwohl keiner der beiden lügt.

**a)**  Stelle in einem Pfeildiagramm den Weg vom Reiz zur Wahrnehmung dar!

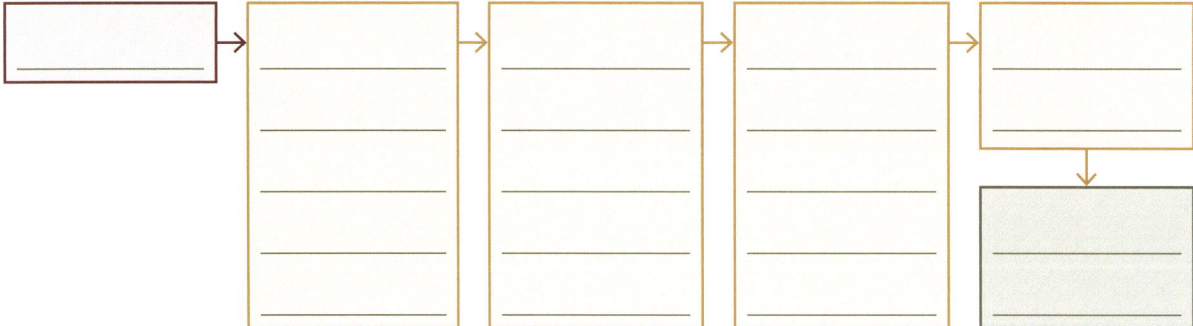

**b)**  Erkläre, warum zwei Menschen eine Farbe oder eine Situation unterschiedlich wahrnehmen können!

_____

_____

_____

_____

# Das Auge

**1** **Viele Teile ergeben ein Ganzes**

**a)** Benenne die Teile des Auges! Beschrifte dazu die Abbildung!

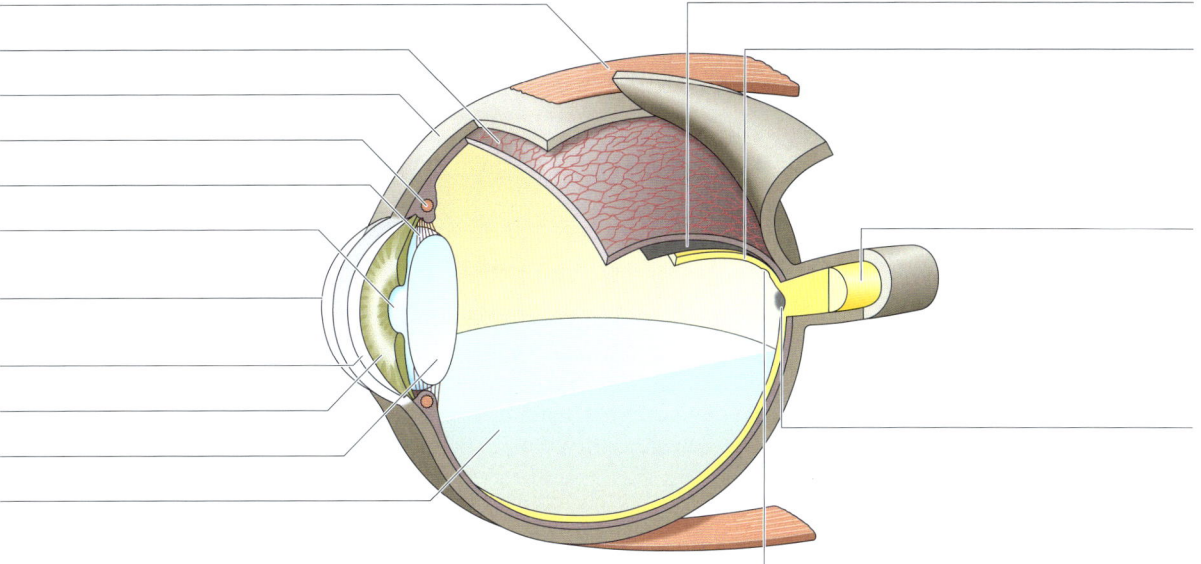

**b)** Erläutere am Beispiel der Netzhaut den Zusammenhang von Struktur und Funktion!

_____

_____

_____

_____

_____

_____

**2** **Ein verblüffendes Experiment**

Schließe das linke Auge! Halte die Abbildung auf Armeslänge vor dein rechtes Auge und blicke auf das weiße Dreieck! Nähere die Abbildung deinem rechten Auge!
Beschreibe und erkläre deine Beobachtung!

_____

_____

_____

# Der Sehvorgang

**1** **Vom Reiz zur Wahrnehmung**

**a)** Gib die am Sehvorgang beteiligten Strukturen in der richtigen Reihenfolge ausgehend vom Reiz an!

_____

_____

**b)** Erläutere den Zusammenhang von Struktur und Funktion am Beispiel der Linse! Gehe dabei auch auf die Akkommodation ein!

Parallel-strahl · Mittelpunkt-strahl · Mittel-ebene · Brenn-punkt · Punkt A · B' Bildpunkt · Punkt B · A' Bildpunkt · optische Achse

_____

_____

_____

_____

_____

_____

_____

_____

_____

_____

_____

**2** **Fehlsichtigkeit**

Fülle die Tabelle aus! Nenne jeweils Ursachen und Korrekturmöglichkeiten für die Fehlsichtigkeit und begründe die genannten Korrekturmöglichkeiten!

|  | Weitsichtigkeit | Kurzsichtigkeit |
|---|---|---|
| Ursache |  |  |
| Korrektur-möglichkeit |  |  |

# Zusammenspiel von Augen und Gehirn

**1 Hilfreiches Zusammenspiel**

Führt in der Lerngruppe folgenden Versuch durch: Der Versuchsleiter hält einen Bleistift in einer Entfernung von vierzig Zentimentern vor das Gesicht der Versuchsperson. Diese führt einen anderen Bleistift von oben an den ersten Stift heran, sodass sich beide Spitzen berühren. Der Versuch wird einmal mit offenen Augen und dann jeweils mit einem geschlossenen Auge durchgeführt.

**a)** Notiere die Beobachtung!

_____

_____

**b)** Erkläre die Beobachtung!

_____

_____

_____

_____

_____

_____

_____

_____

_____

_____

**2 Irrtum ausgeschlossen?**

Miss die Größen beider Autos! Erkläre, wie die optische Täuschung zustande kommt!

_____

_____

_____

_____

_____

_____

_____

_____

# Das Ohr

**1 Viele Teile ergeben ein Ganzes**

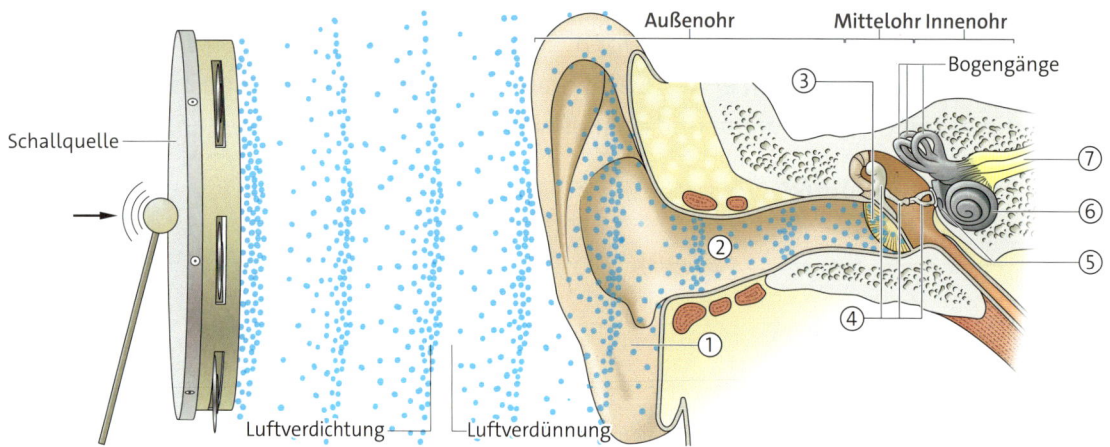

**a)** Benenne die Strukturen des Ohrs, die dem Hören dienen, und gib ihre Funktion an!

| Strukturen | Funktion |
|---|---|
| ① | |
| ② | |
| ③ | |
| ④ | |
| ⑤ | |
| ⑥ | |
| ⑦ | |

**b)** Begründe, dass unsere Ohren für unseren aufrechten Gang eine wichtige Rolle spielen!

_____

_____

_____

_____

_____

# Der Hörvorgang

## 1 Leistungen der Ohren

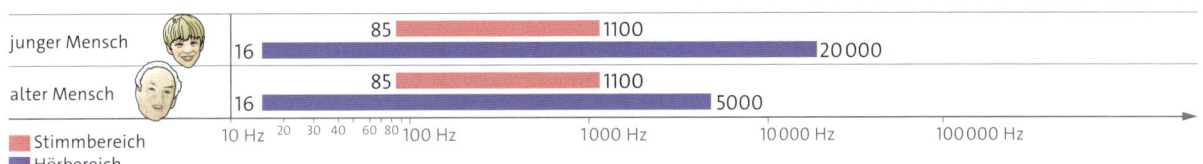

- Stimmbereich
- Hörbereich

**a)** Werte die Grafik aus und stelle eine Vermutung zur Ursache der dargestellten Veränderung auf!

**b)** Interpretiere die Schwingungsbilder!

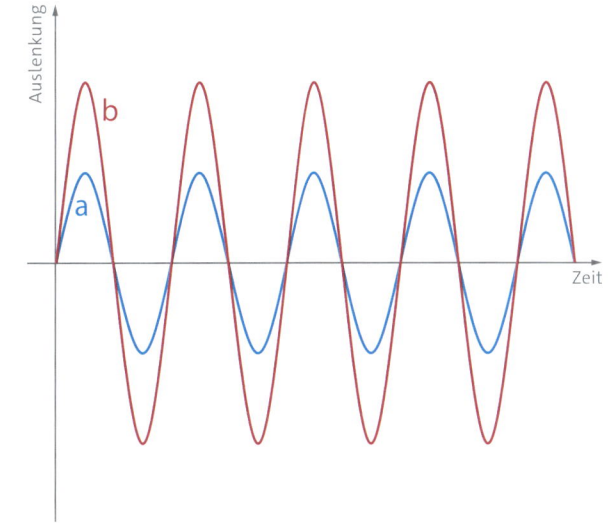

## 2 Zusammenspiel von Ohren und Gehirn

Beschreibe das Zusammenwirken von Sinnesorganen und Gehirn beim Richtungshören!

# Das Nervensystem des Menschen

**Infobox**

Unser Nervensystem umfasst alle Nervenzellen des menschlichen Körpers. Es wird oft als erstes Informationssystem bezeichnet. Dieses System wird durch viele Faktoren beeinflusst und kann durch Drogen oder Erkrankungen beeinträchtigt werden.

**1   Unser Nervensystem – Informationssystem unseres Körpers**

**a)** Beschreibe unser Nervensystem als Informationssystem!

_____

_____

_____

_____

_____

_____

_____

**b)** Stelle in einem Pfeildiagramm die in der Abbildung gezeigten Vorgänge vom Reiz bis zur Reaktion dar!

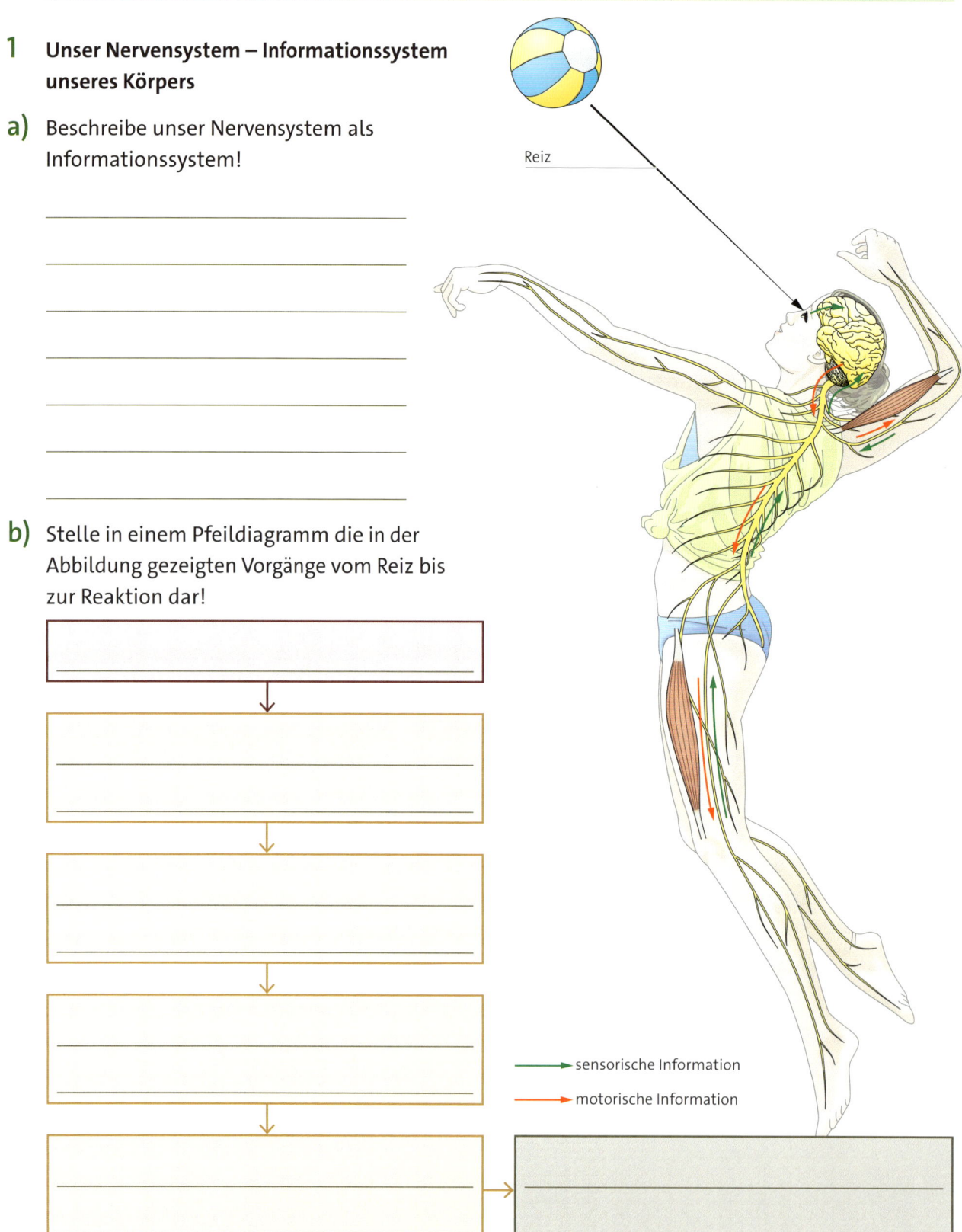

Reiz

→ sensorische Information

→ motorische Information

# Die Nervenzelle

**1** **Spezialisierte Zellen**

**a)** Skizziere eine Nervenzelle und beschrifte sie!

**b)** Der Bau von spezialisierten Zellen ist an ihre Funktion angepasst! Begründe diese Aussage! Nutze deine Skizze zur Aufgabe 1a!

_____

_____

_____

_____

_____

_____

**2** **Verschlüsselte Informationen**

Formuliere jeweils einen kurzen Text zur Erregungsleitung durch Nervenzellen!

_____     _____

_____     _____

_____     _____

_____     _____

# Unser Zentralnervensystem

**1    Das Gehirn**

**a)**    Nenne die Teile des Gehirns! Notiere in Klammern jeweils ihre Funktion!

_____

_____

_____

_____

_____

_____

**b)**    Interpretiere die Grafik!

_____

_____

_____

_____

_____

_____

_____

_____

**2    Das Rückenmark**

**a)**    Beschrifte die Skizze! Zeichne die weiße und graue Substanz ein und beschrifte diese Teile ebenfalls!

**b)**    Beschreibe die Folgen, die eine Zerstörung der Nervenfasern im Rückenmark hat!

_____

_____

_____

_____

_____

_____

_____

# Reflexe

## 1 Der Rückziehreflex

freie Nervenendigung

sensorischer Nerv

zum Gehirn

Beugemuskel

motorische Nerven

Streckmuskel

Rückenmark

Reaktion

→ = Richtung des Informationsflusses in der Nervenzelle

+ = nachfolgende Nerven- oder Muskelzelle wird erregt

– = nachfolgende Nervenzelle wird gehemmt

Beschreibe unter Nutzung der Abbildung den Ablauf des Rückziehreflexes!

_____

_____

_____

_____

_____

_____

_____

_____

_____

## 2 Reaktionen nach festem Schema

a) Nenne fünf Beispiele für Reflexe!

_____

_____

b) Gib Gemeinsamkeiten der Reflexe an und erläutere den Vorteil dieser Art der Reaktionen!

_____

_____

_____

_____

## Lernen und Gedächtnis

**1    Alles klar?**

**a)** Erkläre den Begriff *Lernen*!

_____

_____

_____

**b)** In der Abbildung sind Nervenzellen desselben Gehirnbereichs eines Säuglings dargestellt. Interpretiere die Abbildung!

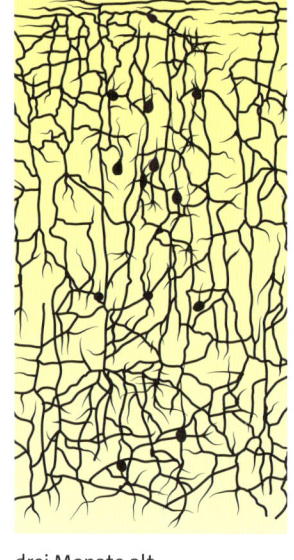 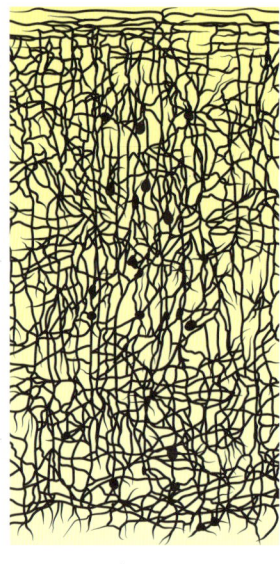

_____

_____

_____

_____

_____

_____

drei Monate alt        24 Monate alt

**2    Ein Test**

Zeichne den Weg durch das linke Labyrinth ein und stoppe deine Zeit! Decke das linke Labyrinth ab und wiederhole den Versuch! Werte deine Ergebnisse aus!

_____

_____

_____

_____

# Das Hormonsystem – unser zweites Informationssystem

**Infobox**

Hormone sind Wirk- und Botenstoffe, die in Hormondrüsen oder Drüsenzellen produziert und ins Blut abgegeben werden. Sie wirken bereits in geringer Menge. Die Informationsübertragung erfolgt langsamer als über das Nervensystem, dafür hält die Wirkung länger an.

## 1 Hormone – spezifische Botenstoffe

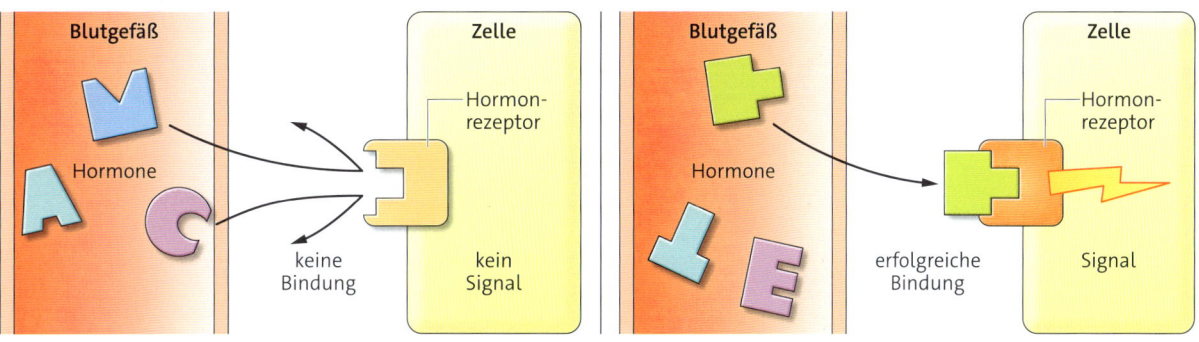

Erläutere unter Nutzung der Abbildung, warum Hormone wirkspezifisch sind!

_____

_____

_____

_____

_____

## 2 Der Blutzuckergehalt wird geregelt

Beschreibe unter Nutzung der Abbildung die Regelung des Blutzuckergehalts nach einer süßen Mahlzeit!

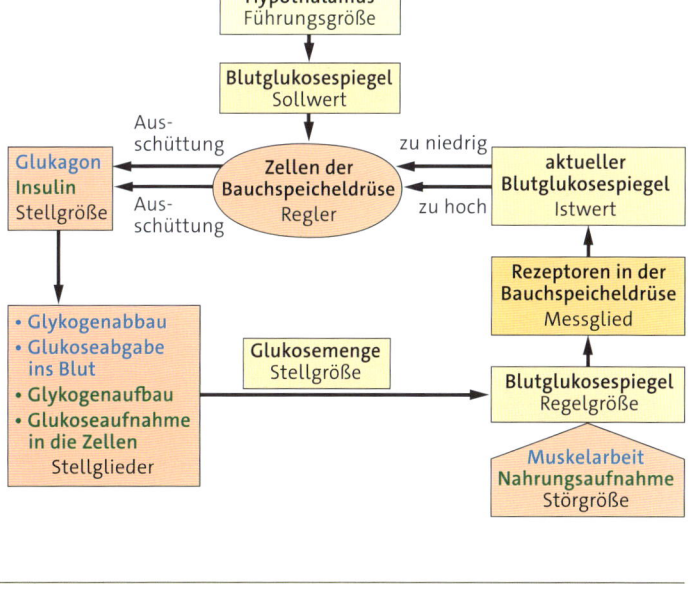

_____

_____

_____

_____

_____

_____

_____

_____

_____

_____

# Stressbewältigung und Gesundheit

**1    Nervensystem und Hormonsystem wirken zusammen**

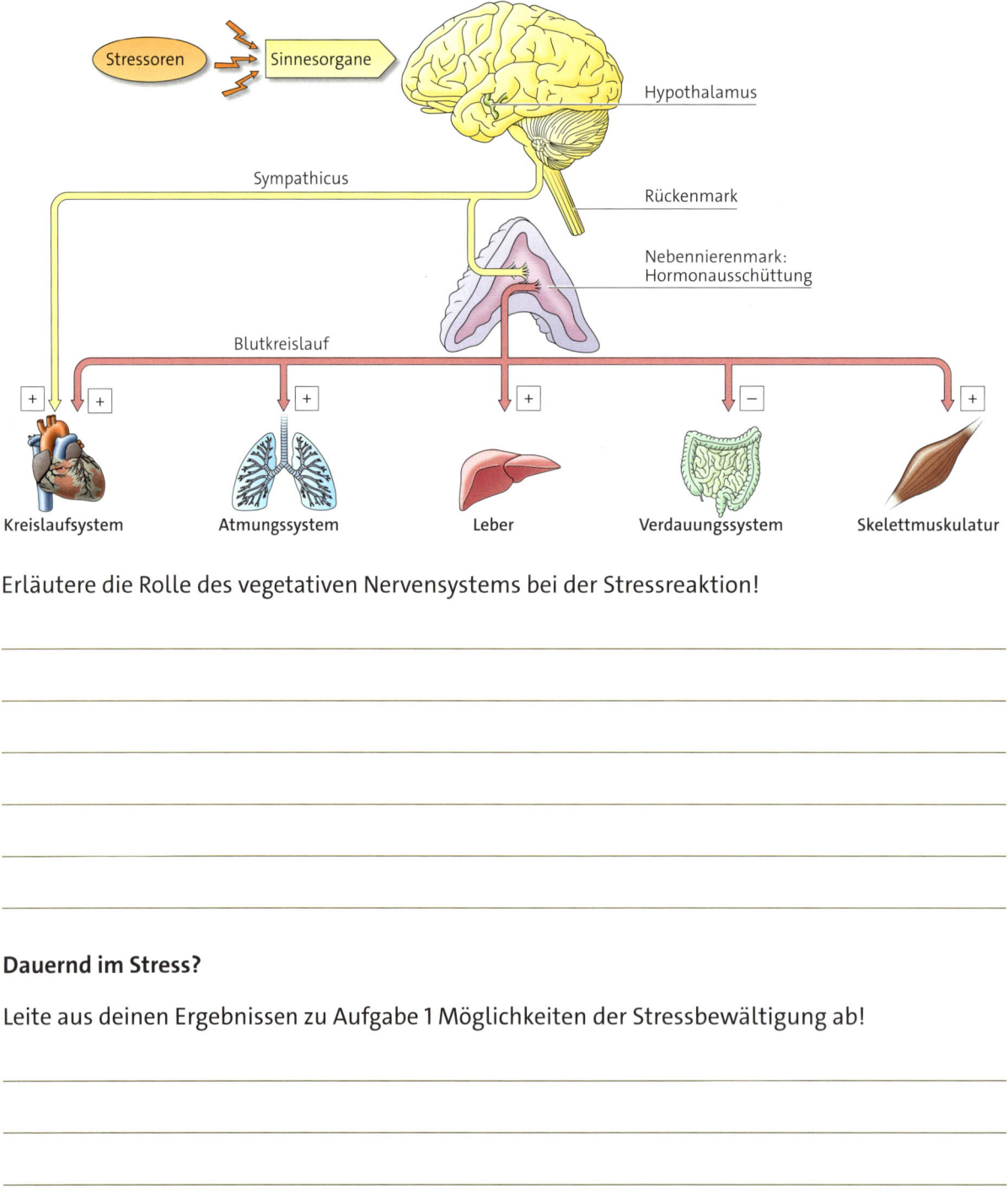

Erläutere die Rolle des vegetativen Nervensystems bei der Stressreaktion!

_____

_____

_____

_____

_____

_____

_____

**2    Dauernd im Stress?**

Leite aus deinen Ergebnissen zu Aufgabe 1 Möglichkeiten der Stressbewältigung ab!

_____

_____

_____

_____

_____

# Sucht und Suchtprävention

## 1 Im Teufelskreis der Sucht

a) Notiere zu jedem Schwerpunkt zwei Ursachen, die zur Suchtentstehung beitragen können!

_____

_____

_____

_____

_____

_____

_____

_____

_____

Gesellschaft  Suchtmerkmale

**Sucht-gefahr**

Persönlichkeit

b) Erläutere deine Auswahl an einem Beispiel!

_____

_____

_____

_____

## 2 Unterschiedliche Süchte

a) Notiere jeweils zwei Beispiele und gib gemeinsame Merkmale für das Suchtverhalten an!

Stoffgebundene Süchte: _____

Nicht stoffgebundene Süchte: _____

Merkmale für Suchtverhalten: _____

_____

b) Hanf- oder Cannabisprodukte sind illegalen Drogen. Allerdings gibt es immer wieder Diskussionen um ihre Freigabe. Stelle Argumente zum Thema zusammen!

| Argumente für die Freigabe | Argumente gegen die Freigabe |
|---|---|
| | |
| | |
| | |
| | |
| | |

# Der Wald – ein Ökosystem

**1    Sprichst du „biologisch"?**

**a)**  Vervollständige dazu das Schema zum Begriff *Ökosystem*!

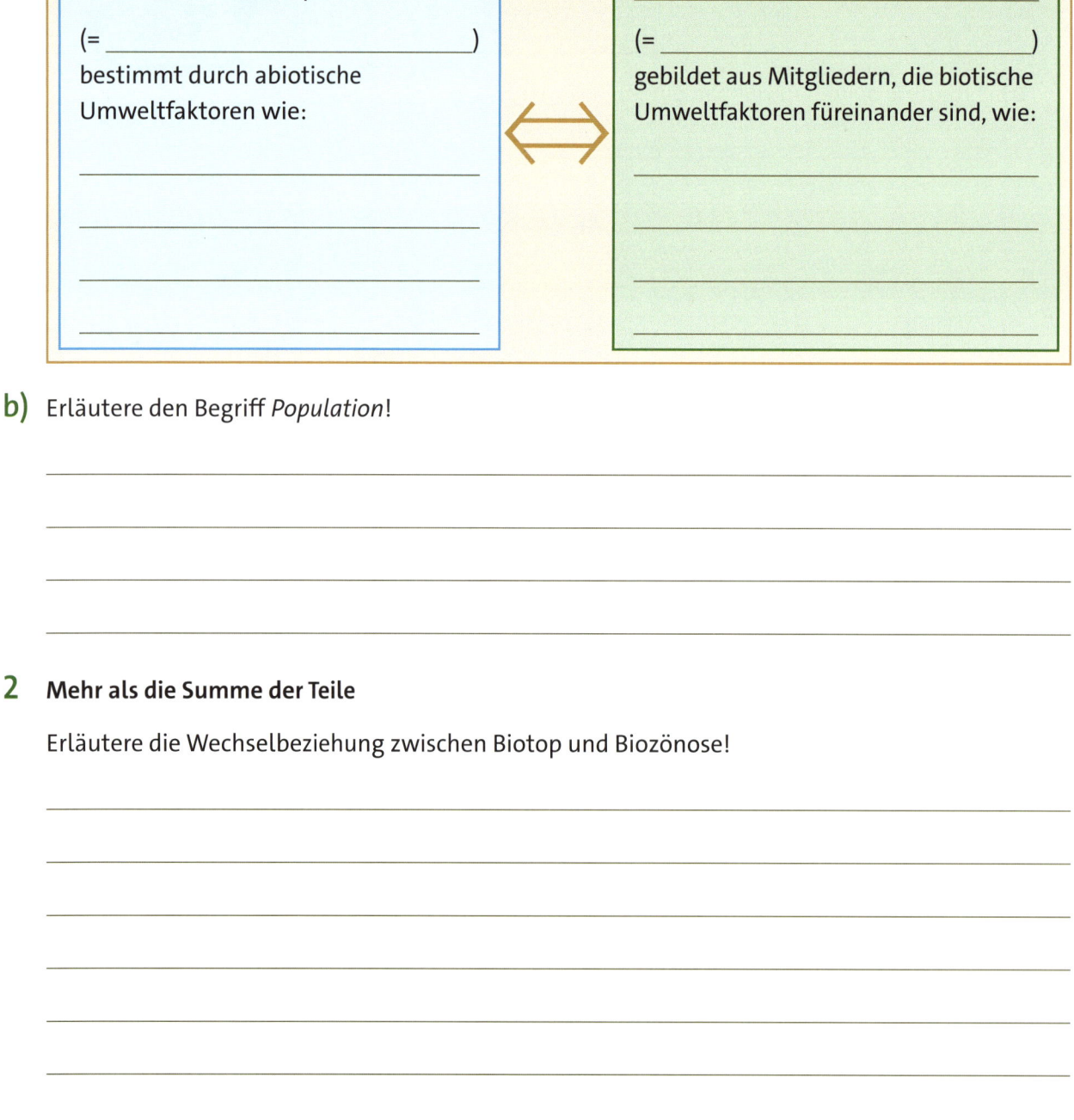

**b)**  Erläutere den Begriff *Population*!

_____

_____

_____

_____

**2    Mehr als die Summe der Teile**

Erläutere die Wechselbeziehung zwischen Biotop und Biozönose!

_____

_____

_____

_____

_____

_____

_____

# Stockwerke der Mischwälder

**1   Der Wald voller Bäume**

a)   Nenne jeweils drei Beispiele für die beiden Baumtypen!

Nadelbaum: _____

Laubbaum: _____

b)   In Laub- und Mischwäldern wachsen unterschiedliche Laubbäume. Ordne den Beispielen die jeweilige Blattform und deren Bezeichnung zu!

|   |   |   |   |
|---|---|---|---|
| 1  gelappt | 2  herzförmig | | |
| 3  gefingert | 4  ganzrandig | | |
| 5  gefiedert | 6  gebuchtet | | |

Ⓐ   Ⓑ   Ⓒ   Ⓓ   Ⓔ   Ⓕ

Esche, Rosskastanie, Linde, Stiel-Eiche, Berg-Ahorn, Rot-Buche

_____

_____

**2   Ein Lebensraum mit unterschiedlichen Stockwerken**

a)   Benenne die Stockwerke des Waldes!

b)   Erkläre, warum an einem Sommertag im Wald in drei Metern Höhe nur noch 25 % und in einem halben Meter Höhe nur noch 5 % der Lichtmenge in 40 Metern Höhe gemessen werden können!

_____

_____

_____

## Umweltfaktoren wirken zusammen

**1   Umwelt einer Schwarzerle**

**a)** Nenne und erläutere je zwei abiotische und biotische Umweltfaktoren der Schwarzerle!

Abiotische Umweltfaktoren                                    Biotische Umweltfaktoren

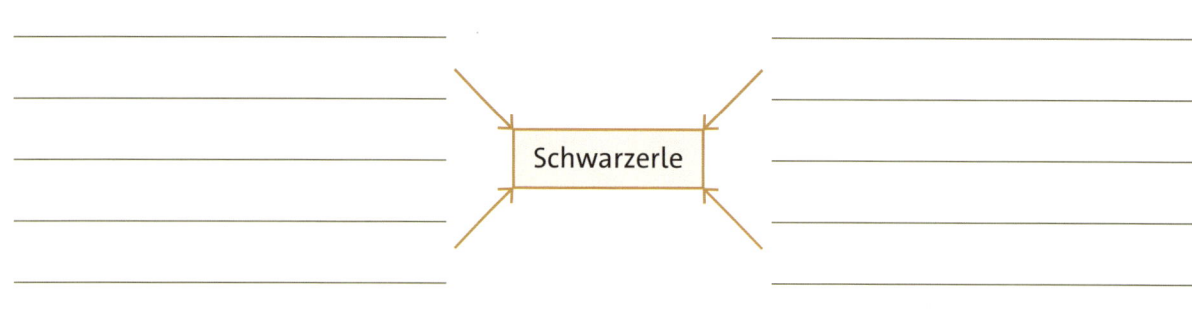

**b)** Schwarzerlen findet man in Auenwäldern, beispielsweise in den Schutzzonen an der Mittleren Elbe. Sie wachsen dort auf sehr nassen Böden. Erkläre ihre Verbreitung mithilfe der Grafik!

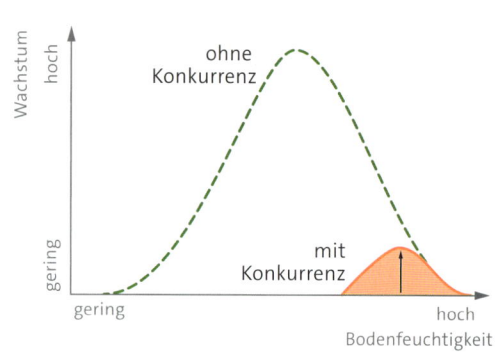

**2   Unterschiedliche Waldtypen**

**a)** Nenne drei verschiedene Waldtypen!

**b)** Erkläre, warum unterschiedliche Waldtypen existieren!

# Angepasstheit an abiotische Umweltfaktoren

## 1 Pflanzen der Krautschicht

a) Das Buschwindröschen ist ein Frühblüher und gehört zu den ersten Frühlingsblumen im Buchenwald. Erläutere die Angepasstheit an den Standort!

b) Formuliere mithilfe der Grafik eine begründete Vermutung, ob der Waldziest an einen schattigen oder an einen Standort mit voller Sonneneinstrahlung angepasst ist!

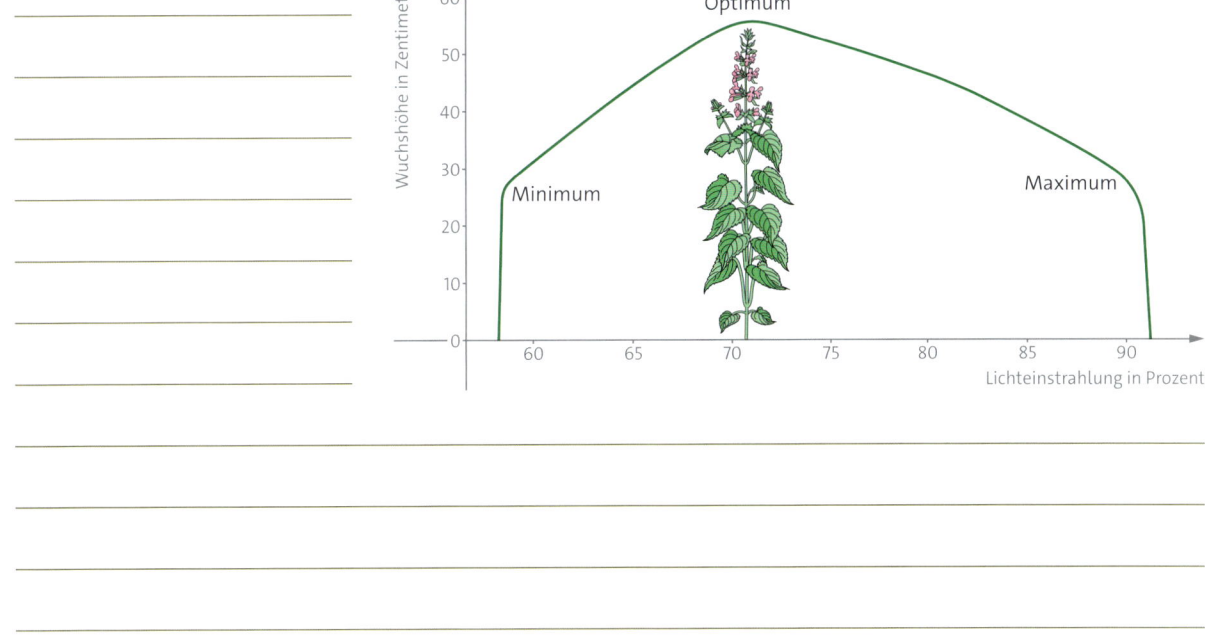

# Angepasstheit und Konkurrenzvermeidung

**1   Ein spezieller Körperbau**

**a)** Beschreibe, wie der Buntspecht an seine Beutetiere gelangt!

_____

_____

_____

_____

**b)** Erläutere die Angepasstheit des Buntspechts an seine Lebensweise!

Schleuder-
zunge

A

Spitze
mit Wider-
haken

B

**2   Zwei Spechtarten im selben Lebensraum?**

**Ulf:** Ich habe gestern kurz nacheinander an derselben Stelle einen Grünspecht und einen Buntspecht beobachtet.

**Alex:** Ehrlich?! Bist du sicher, dass du die Vögel richtig erkannt hast?

Erkläre, warum diese zwei Spechtarten im selben Lebensraum existieren können!

_____

_____

_____

_____

_____

_____

_____

_____

# Unterschiedliche Lebensweisen

**1** **Vorteile durch Symbiose**

Der Fichten-Steinpilz ist ein Mykorrhizapilz.
Erläutere an diesem Beispiel den Begriff *Symbiose*!
Vervollständige dazu die Grafik!

_____

_____

_____

_____

_____

_____

_____

_____

_____

_____

**2** **Vorteil für einen**

**a)** Erläutere die parasitische Lebensweise am Beispiel
einer Zecke!

Blut mit
Nährstoffen

_____

_____

_____

_____

_____

_____

_____

**b)** Erkläre, warum es sinnvoll ist, im Wald immer lange Kleidung zu tragen!

_____

_____

_____

_____

# Nahrungsbeziehungen im Wald

**1　Wer frisst wen?**

Rotfuchs

Gelbhalsmaus

Luchs

Eiche

Regenwurm

**a)** Entwickle unter Nutzung der obigen Grafiken eine Nahrungskette mit möglichst vielen Gliedern!
Kennzeichne Produzenten und Konsumenten!

**b)** Erläutere, wie ein Nahrungsnetz zustande kommt!

_____

_____

_____

_____

**2　Räuber und Beute**

Erläutere, wie sich Populationen von Spechten und Borkenkäfern wechselseitig beeinflussen!

_____

_____

_____

_____

_____

_____

_____

_____

# Stoffkreisläufe und Energiefluss

**1  Kreislauf der Stoffe**

**a)** Lebewesen kann man nach ihrer ökologischen Bedeutung in *Destruenten*, *Konsumenten* und *Produzenten* einteilen. Ordne die Begriffe in das Schema ein und gib jeweils zwei Beispiele an!

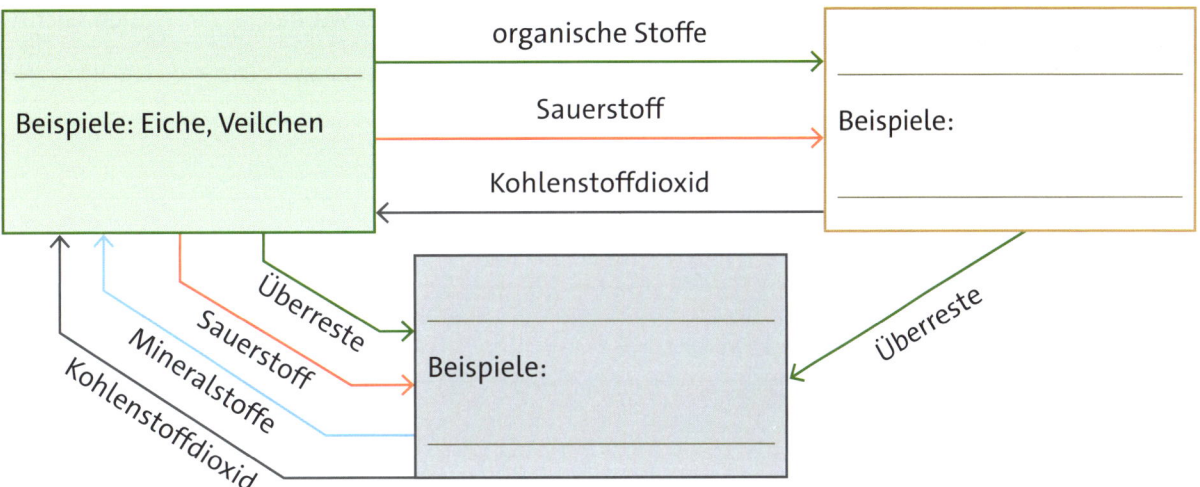

**b)** Erläutere die Bedeutung der unterschiedlichen Gruppen im Ökosystem!

Produzenten: _____

_____

Konsumenten: _____

_____

Destruenten: _____

_____

**2  Einbahnstraße der Energie**

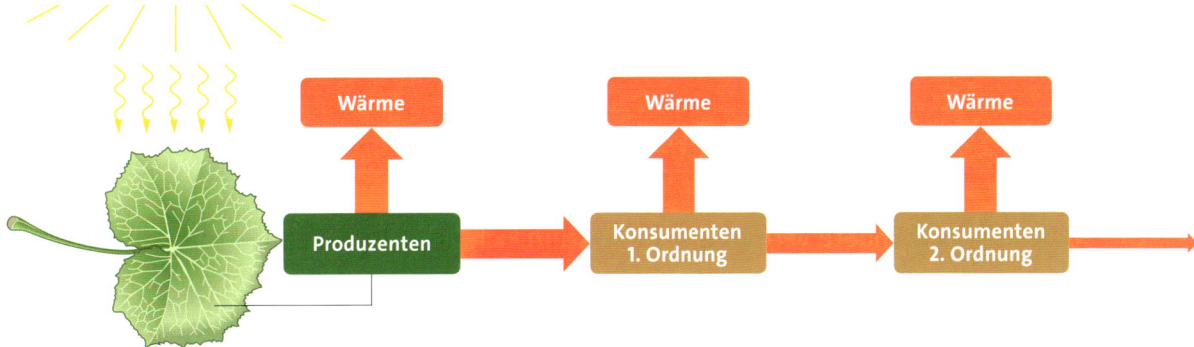

Erkläre, warum es in einem Ökosystem keinen Energiekreislauf geben kann!

_____

_____

_____

_____

# Bedeutung und Gefährdung des Waldes

**1** **Verschiedene Nutzungsmöglichkeiten**

**Lea:** In der Stadt wird über einen möglichen Standort für ein neues Wohngebiet diskutiert.

**Cedric:** Wohnungen sind wichtig. Dafür könnte doch ein Teil des Stadtwaldes gerodet werden.

**Fabian:** Der Wald ist aber auch wichtig.

Notiere Argumente, die die Aussage von Fabian bestätigen!

_____

_____

_____

_____

_____

**2** **Gesundheit unserer Wälder**

**a)** Nenne mögliche Ursachen für Baumschäden!

_____

_____

**b)** Leite zwei Maßnahmen ab, die für die Gesundheit unserer Wälder wichtig sind!

_____

_____

_____

_____

_____

**c)** Stelle eine begründete Vermutung auf, warum Fichten- oder Kiefernwälder nach und nach zu Mischwäldern umgebaut werden!

_____

_____

_____

_____

_____

_____

# Nachhaltigkeit und Umweltschutz

**1  Artenvielfalt und Artenschutz**

**a)** Nenne Ursachen für die Gefährdung oder das Aussterben von Arten!

_____

_____

_____

_____

_____

**b)** Erkläre, warum mit der Artenzahl der Pflanzen auch die Artenzahl der Insekten steigt!

Anzahl der Arten auf einer Wiese

**c)** Bewerte die folgende Aussage: „Biotopschutz ist Artenschutz."!

_____

_____

_____

**2  Das Prinzip der Nachhaltigkeit**

**a)** Gib an, was der Begriff *Nachhaltigkeit* bedeutet!

_____

_____

_____

_____

**b)** Nenne Möglichkeiten, wie du selbst zur nachhaltigen Entwicklung beitragen kannst!

_____

_____

_____

## Kinder sehen ihren Eltern ähnlich

**1    Variabilität und Phänotyp**

**a)** Fertige eine Porträtskizze von dir an! Gib an, auf welche Merkmale du beim Zeichnen besonders achtest!

Veränderbare Merkmale: _____

_____

_____

Nicht veränderbare Merkmale: _____

_____

_____

**b)** Gib an, was die Begriffe *Genotyp*, *Phänotyp* und *Variabilität* bedeuten!

_____

_____

_____

_____

_____

**2    In Grenzen variabel**

Stelle eine Vermutung auf, welche Ursachen der gezeigten Variabilität zugrunde liegen!

_____

_____

_____

_____

_____

**Verlauf der Pubertät**

| Veränderung/Mädchen | Alter |
|---|---|
| erste Schambehaarung | 8–13 Jahre |
| erste Menstruation | 10–16 Jahre |
| Brust voll ausgebildet | 12–17 Jahre |

| Veränderung/Jungen | Alter |
|---|---|
| erste Schambehaarung | 9,5–12,9 Jahre |
| erster Samenerguss | 9,2–13 Jahre |
| Wachstum Hoden und Penis | 9–14 Jahre |

# Chromosomen – Träger der Erbinformation

## 1 Chromosomen und DNA

Chromosomen sind die Träger der Erbinformation. Die DNA bildet die stoffliche Grundlage. In ihr sind die Informationen verschlüsselt.

a) Fertige eine Skizze von der Transportform eines Chromosoms an und beschrifte sie!

b) Zeichne den kleinsten Abschnitt der DNA und beschrifte ihn!

c) Beschreibe, wie die beiden Stränge der DNA miteinander verbunden sind!

_____

_____

_____

_____

## 2 Ein Karyogramm

In einem Karyogramm werden die Chromosomen aus einem Zellkern geordnet dargestellt. Notiere Informationen, die du aus dem Karyogramm in der Abbildung ableiten kannst!

_____

_____

_____

_____

_____

_____

# Gene – Grundlagen für Merkmale

**1    Eine ganz besondere Bibliothek**

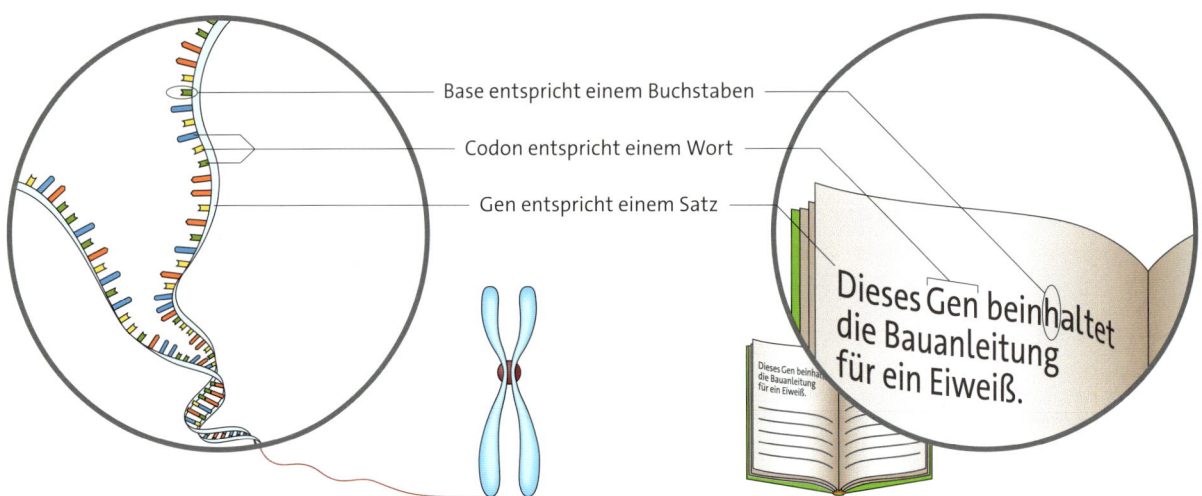

Base entspricht einem Buchstaben

Codon entspricht einem Wort

Gen entspricht einem Satz

Dieses Gen beinhaltet die Bauanleitung für ein Eiweiß.

**a)** Der Chromosomensatz ist einer Bibliothek vergleichbar. Beschreibe die Verschlüsselung der Erbinformation unter Nutzung des Modells!

_____

_____

_____

_____

_____

_____

_____

_____

_____

_____

_____

_____

**b)** Der genetische Code ist universell. Erläutere diesen Satz!

_____

_____

_____

# Die Mitose

## 1 Ein Kernteilungsprozess

a) Gib an, bei welchen Prozessen die Mitose eine Rolle spielt!

_____

_____

b) Formuliere unter Nutzung der folgenden Fachbegriffe zwei aussagekräftige Sätze: *Kernteilung, Transportform, Arbeitsform, Interphase*!

_____

_____

_____

_____

## 2 Der Ablauf der Mitose

Benenne die einzelnen Mitosephasen und beschreibe jeweils die wesentlichen Prozesse!

Interphase                                                        Mitose

Verdoppelung
der DNA                    A              B              C              D

A: _____

_____

_____

B: _____

_____

_____

C: _____

_____

_____

D: _____

_____

## Die Meiose

**1**   **Der Ablauf der Meiose**

**a)**   Gib an, bei welchen Prozessen die Meiose eine Rolle spielt!

_____

_____

**b)**   Beschreibe wesentliche Prozesse in der ersten und zweiten Reifeteilung anhand der Grafik zur Bildung von Spermienzellen!

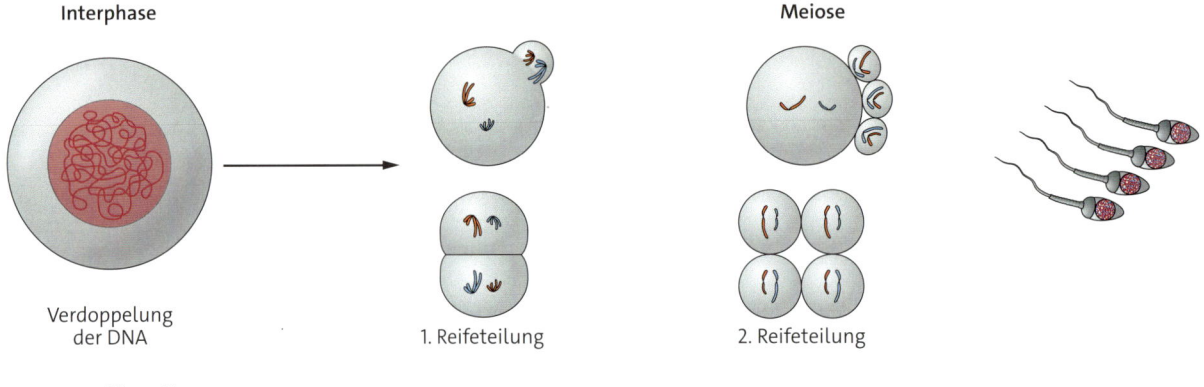

Erste Reifeteilung: _____

_____

_____

_____

Zweite Reifeteilung: _____

_____

_____

**2**   **Mitose und Meiose**

Vergleiche Mitose und Meiose! Fülle dazu die Tabelle aus!

| Bestandteile | Mitose | Meiose |
|---|---|---|
| Gemeinsamkeiten | | |
| Anzahl der Teilungen | | |
| Chromosomensatz der Tochterzellen | | |
| Ergebnis | | |

# MENDEL zählte Erbsen

**1** **Von Anlagen und Merkmalen**

> **Ines:** MENDEL hat einzelne Merkmale betrachtet. Die Samenfarbe oder die Blütenfarbe spielten eine Rolle.

> **Maria:** Von 8 023 Samen waren 6 022 gelb und 2 001 grün. So viele! Ich hätte mich ständig verzählt!

> **Thommy:** Ob er wohl erwartet hatte, dass alle Erbsensamen gleich aussehen?

**a)** Ordne die Aussagen der ersten oder der zweiten MENDEL'schen Regel zu!

Ines' Aussage: _____

_____

_____

Marias Aussage: _____

_____

_____

Thommys Aussage: _____

_____

_____

**b)** Leite aus Marias Aussage ab, welches Allel dominant und welches rezessiv ist, kennzeichne diese durch Buchstaben und stelle den Erbgang von der Elterngeneration bis zur $F_2$-Generation dar!

_____

_____

Elterngeneration

F$_1$-Generation

Zahlenverhältnisse

► Phänotyp: _____

► Genotyp: _____

Zahlenverhältnisse

► Phänotyp: _____

► Genotyp: _____

## Alles geregelt

### 1 Dominant-rezessive Vererbung

Die Fellfarbe von Mäusen kann unterschiedlich sein. Dabei ist das Allel für die schwarze Fellfarbe dominant (A) und das Allel für die weiße Fellfarbe rezessiv (a). Stelle mithilfe von Kreuzungs-quadraten dar, wie durch eine Testkreuzung ermittelt werden kann, ob ein schwarzes Tier hinsichtlich der Fellfarbe homozygot oder heterozygot ist!

**Testmaus mit homozygoten Allelen**

**Testmaus mit heterozygoten Allelen**

Auswertung: _____

_____

_____

_____

_____

### 2 Intermediäre Merkmalsausprägung

a) Entscheide, ob bei dem oben genannten Beispiel der Mäuse eine Testkreuzung zur Feststellung des Genotyps hinsichtlich der Fellfarbe bei einem intermediären Erbgang erforderlich wäre! Begründe die Antwort!

_____

_____

_____

b) Ermittle die Phänotypen, die sich im Ergebnis der Kreuzung zwischen der heterozygoten und der reinerbig weißen Maus ergäben, wenn es sich um einen intermediären Erbgang handeln würde!

_____

_____

# Gut kombiniert

## 1 Kombinationszüchtung

Bei der Kombinationszüchtung werden Pflanzen oder Nutztiere mit gewünschten Merkmalen gezielt miteinander gekreuzt. So hat die Süßlupine zwar Samen ohne Bitterstoffe, jedoch platzen die Hülsen leicht auf, bei einer anderen Sorte bleiben die Hülsen geschlossen, jedoch enthalten die Samen Bitterstoffe. Durch Kreuzung entstand eine Lupinensorte, deren Samen keine Bitterstoffe enthalten, und die platzfeste Hülsen besitzt.

a) Stelle den Erbgang von der Elterngeneration bis zur $F_2$-Generation dar! Verwende dazu die angegebene Kennzeichnung der Merkmale!

A: Allel für bitterstoffhaltige Samen        a: Allel für bitterstofffreie Samen
B: Allel für platzende Hülsen        b: Allel für platzfeste Hülsen

P        □ × □

$F_1$        □ □ □ □

$F_2$

b) Gib die MENDEL'sche Regel an, die die Ergebnisse in der $F_1$-Generation und der $F_2$-Generation beschreibt! Beziehe die Formulierung dabei auf das Beispiel!

_____

_____

_____

_____

_____

_____

_____

# Tier- und Pflanzenzucht

**1  Unterschiedliche Methoden**

**a)** Vervollständige das Schema!

| Züchtungsmethoden |
|---|

| | Kombinationszüchtung | |
|---|---|---|
| _____ | _____ | _____ |
| | | – gezielte Kreuzung von Inzuchtlinien (homozygote Elterngeneration) |

**b)** Gib die Grundlage an, auf der alle Züchtungsmethoden basieren!

_____

_____

_____

**2  Alte Rassen**

Im Zusammenhang mit Diskussionen um verschiedene Ernährungsweisen und die Haltung von Nutztieren wird immer häufiger der Erhalt alter Nutztierrassen gefordert.

**a)** Recherchiere Anforderungen, die alte Rinderrassen erfüllen mussten und solche, die an moderne Hochleistungsrinder gestellt werden! Fülle die Tabelle aus!

| | Alte Rinderrassen | Moderne Hochleistungsrinder |
|---|---|---|
| **Anforderungen** | | |
| **Variabilität** | | |

**b)** Beurteile die Forderung nach dem Erhalt alter Rassen unter genetischen Aspekten!

_____

_____

_____

_____

_____

# Vererbung beim Menschen

**1 Die Ursachen der Geschlechterverteilung**

a) Stelle ein Kreuzungsschema zur Vererbung des Geschlechts auf! Bedenke dabei, dass infolge der Meiose vier Spermienzellen, aber nur eine Eizelle gebildet werden.

b) Leite aus deinem Schema das theoretische Geschlechterverhältnis bei Geburten ab!

_____

_____

c) Tatsächlich werden geringfügig mehr Jungen als Mädchen geboren. Recherchiere mögliche Ursachen für diese Abweichung!

_____

_____

_____

**2 Genetik der Blutgruppen**

Bei einem Kind wurde die Blutgruppe 0 festgestellt. Die Mutter hat Blutgruppe A, der mögliche Vater Blutgruppe B. Ermittle mithilfe von Kreuzungsquadraten, welche Anlagen für die Blutgruppen die Frau und der Mann besitzen müssen, damit er als Vater infrage kommt!

Genotyp der Mutter: _____      Genotyp des Vaters: _____

## Phänotypische Veränderungen

**1    Das Problem mit dem Gewicht**

Interpretiere die Grafik! Nenne mögliche Ursachen und erläutere sie!

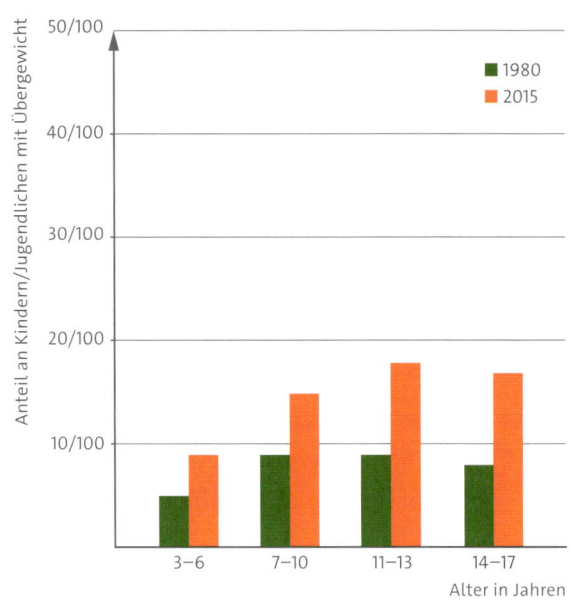

_____

_____

_____

_____

_____

_____

_____

_____

_____

**2    Bohnensamen einer Pflanze**

| Anzahl der Samen | 0 | 1 | 4 | 10 | 3 | 2 | 0 |
|---|---|---|---|---|---|---|---|
| Länge der Samen | 10 mm | 11 mm | 13 mm | 15 mm | 17 mm | 19 mm | 20 mm |

Stelle die Längenverteilung der Bohnensamen grafisch dar und interpretiere die Grafik!

_____

_____

_____

_____

_____

_____

_____

_____

_____

_____

# Mutationen und ihre Folgen

## 1 Mutationen und Variabilität

**Kati:** Mutationen sind schrecklich. Sie führen zu genetisch bedingten Krankheiten.

**Alex:** Wirklich? Wirken sich alle Mutationen auf das Erscheinungsbild des Lebewesens aus?

**Ahmed:** Es soll ja auch Mutationen geben, die positive Auswirkungen haben.

Setze dich mit den Aussagen und der Frage auseinander! Kommentiere oder beantworte sie!

Katis Aussage: _____

_____

_____

_____

Alex' Frage: _____

_____

_____

_____

Ahmeds Aussage: _____

_____

_____

_____

## 2 Genetisch bedingte Krankheiten

Fülle die Tabelle aus!

| Genetisch bedingte Krankheit | Art der Mutation | Symptome |
|---|---|---|
| Mukoviszidose | | |
| Trisomie 21 | | |

# Humangenetik und Familienplanung

**1  Pränatale Diagnostik**

**a)** Nenne unterschiedliche Untersuchungen im Rahmen der pränatalen Diagnostik!

_____

_____

**b)** Nenne Vorteile der pränatalen Diagnostik und zeige Grenzen auf!

Vorteile: _____

_____

Grenzen: _____

_____

**2  Stammbaumanalyse**

**a)** In den Familien eines Paares tritt Muskel-
dystrophie gehäuft auf. Im Rahmen einer
genetischen Beratung wurde ein Stammbaum
erstellt. Interpretiere diesen Stammbaum!

_____

_____

_____

_____

_____

_____

Urgroßeltern-
generation

Großelterngeneration

Eltern-
generation

ratsuchendes
Paar

⊙ Überträgerin
○ gesunde Frau

? ▨ kranker Mann
□ gesunder Mann

**b)** Leite mögliche Konsequenzen ab, die sich aus der Analyse ergeben!

_____

_____

_____

_____

_____

# Gentechnik

**1  Die Grundlage der Gentechnik**

Gentechnische Verfahren sind möglich, weil der genetische Code universell ist. Erläutere diese Aussage!

_____

_____

_____

_____

**2  Gentechnisch veränderte Nutzpflanzen**

**a)** Berechne den weltweiten Anteil der Anbaufläche gentechnisch veränderter Sojapflanzen in den Jahren 2012 bis 2014!

**b)** Werte die Daten aus!

_____

_____

_____

_____

_____

_____

**Anbaufläche von Soja weltweit in Millionen Hektar**

| Anbaufläche | 2012 | 2013 | 2014 |
|---|---|---|---|
| gesamte Anbaufläche | 110 | 113 | 118 |
| Anbaufläche gentechnisch veränderter Pflanzen | 80 | 84,5 | 90,7 |
| Anteil Anbaufläche gentechnisch veränderter Pflanzen in Prozent | | | |

Quelle: Bundesministerium für Ernährung und Landwirtschaft

**c)** In Deutschland werden derzeit keine gentechnisch veränderten Pflanzen angebaut, weil ihr Anbau verboten ist! Bewerte diese Tatsache!

_____

_____

_____

_____

_____

## Evolutionstheorien

### 1    LAMARCK und DARWIN

LAMARCK und DARWIN beschäftigten sich mit der Frage, wie sich Artenvielfalt erklären lässt. Fülle die Tabelle zu den beiden Evolutionstheorien aus!

|  | Evolutionstheorie von DARWIN | Evolutionstheorie von LAMARCK |
|---|---|---|
| Grundlage für die Theorie |  |  |
| Prozess der Veränderung |  |  |
| Betrachtete Einheit |  |  |
| Ergebnis der Veränderung |  |  |

### 2    Natürliche Zuchtwahl nach DARWIN und Auslesezüchtung im Vergleich

Vergleiche die Veränderung von Arten durch natürliche Zuchtwahl nach DARWIN mit der Veränderung von Arten und Rassen durch Auslesezüchtung!

_____

_____

_____

_____

_____

_____

_____

_____

# Entstehung von Vielfalt

## 1 Kleine und große Unterschiede

Erläutere die Ursachen der Vielfalt innerhalb einer Population!

_____

_____

_____

_____

_____

_____

## 2 Vielfalt der Arten

DARWIN hat auf den Galapagos-inseln unterschiedliche, jedoch nahe miteinander verwandte Finkenarten beobachtet.
Erläutere unter Nutzung der Abbildung das Zusammenwirken der Evolutionsfaktoren bei der Entstehung der vielfältigen Finkenarten!

Vom Südamerikanischen Festland stammende Finken ließen sich auf den Galapagos-Inseln nieder.

Insektenfresser

Bäume und Sträucher

Waldsängerfink — Mangrove-Darwinfink — Spechtfink

Zwerg-Darwinfink — Kleinschnabel-Darwinfink — Papageischnabel-Darwinfink

Dickschnabel-Darwinfink

Pflanzenfresser

Kakteen

Opuntien-Grundfink — Kaktus-Grundfink

Boden

Klein-Grundfink — Mittel-Grundfink — Groß-Grundfink

_____

_____

_____

_____

_____

_____

_____

_____

_____

_____

_____

_____

_____

_____

# Vielfalt und Angepasstheit

**1   Mundwerkzeuge von Insekten**

Beschreibe die Angepasstheit der Mundwerkzeuge beider Insekten an ihre Ernährungsweise!

Oberlippe
Oberkiefer
Unterlippe
Unterkiefer

Schmetterling                    Biene

_____

_____

_____

_____

_____

_____

_____

**2   Extreme Angepasstheit – eine Gratwanderung**

**a)** Erläutere, wie die spezialisierten Mundwerkzeuge der Schmetterlinge entstanden sein könnten!

_____

_____

_____

_____

_____

_____

_____

_____

_____

**b)** Eine starke Angepasstheit, beispielsweise an die Nahrungsaufnahme, kann sich für Arten nach-
teilig auswirken. Begründe diese Aussage! Nutze das Beispiel der Schmetterlinge!

_____

_____

_____

_____

_____

_____

# Fossilien

**1** **Belege der Evolution**

**a)** Nenne fünf unterschiedliche Formen von Fossilien!

_____

_____

**b)** Erläutere an einem Beispiel die Entstehung von Fossilien!

_____

_____

_____

_____

_____

**c)** Begründe, dass Fossilien Belege für die Evolution sind!

_____

_____

_____

_____

_____

**2** **Altersbestimmung von Fossilien**

Beschreibe am Beispiel der gezeigten Ammoniten, wie mithilfe von Leitfossilien eine relative Altersbestimmung möglich ist!

# Mosaikformen

**1   Wasser – Land – Luft**

**a)** Erläutere am Beispiel des *Tiktaalik*, was eine Mosaikform ist!

im Wasser

an Land

| Verwandte von Quastenflossern mit muskulösen Fleischflossen | Übergangsform *Tiktaalik* | erste auch an Land lebende vierbeinige Wirbeltiere (Ichthyostega) |
| --- | --- | --- |
| vor etwa 380 | vor etwa 375 | vor etwa 365 Millionen Jahren |

_____

_____

_____

_____

_____

_____

_____

**b)** Nenne jeweils zutreffende Merkmale des *Archaeopteryx*!

Reptilienähnliche Merkmale: _____

_____

_____

Vogelähnliche Merkmale: _____

_____

_____

**c)** Nenne und begründe die Bedeutung von Mosaikformen!

_____

_____

_____

_____

_____

_____

**2   „Lebende Fossilien"**

Bewerte den Begriff unter fachlichen Aspekten!

_____

_____

_____

_____

# Homologe und analoge Organe

**1**  **Wirbeltierextremitäten im Vergleich**

**a)**  Die Exremitätenskelette der Wirbeltiere lassen sich  auf einen Grundtyp zurückführen. Kennzeichne einander entsprechende Knochen mit derselben Farbe! Ergänze die Legende!

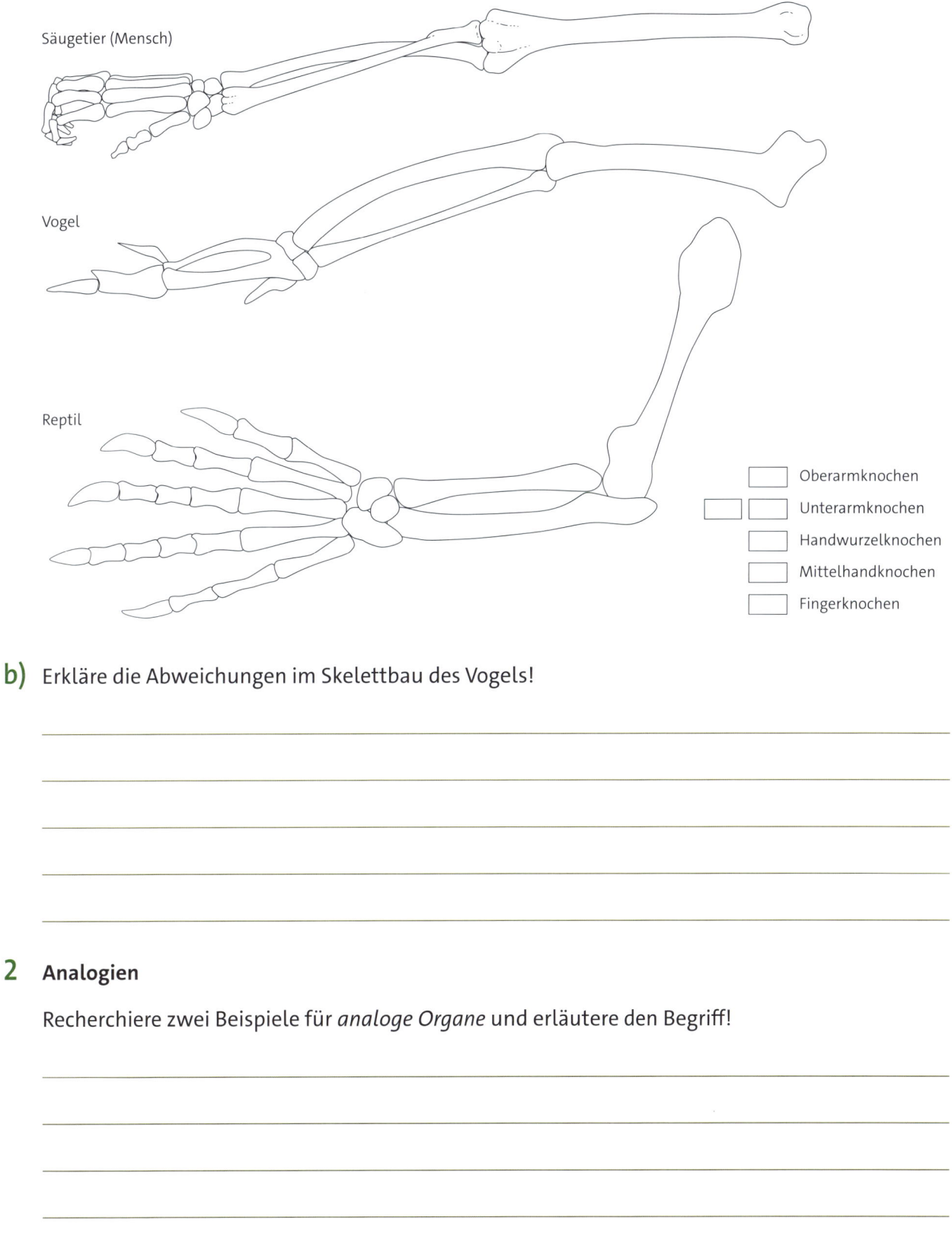

Säugetier (Mensch)

Vogel

Reptil

☐ Oberarmknochen
☐ Unterarmknochen
☐ Handwurzelknochen
☐ Mittelhandknochen
☐ Fingerknochen

**b)**  Erkläre die Abweichungen im Skelettbau des Vogels!

_____

_____

_____

_____

_____

**2**  **Analogien**

Recherchiere zwei Beispiele für *analoge Organe* und erläutere den Begriff!

_____

_____

_____

_____

_____

# Stammbaum der Wirbeltiere

**1   Nahe oder ferne Verwandte?**

**a)** Die Grafik zeigt einen vereinfachten Stammbaum der Wirbeltiere. Ordne den Buchstaben Wirbeltierklassen zu!

_____

_____

_____

**b)** Notiere Informationen, die du aus diesem Stammbaum ableiten kannst!

_____

_____

_____

_____

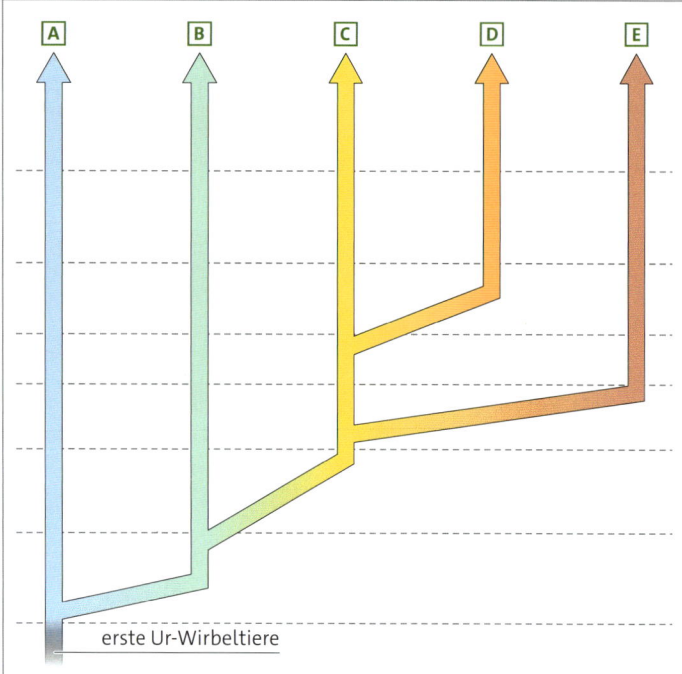

erste Ur-Wirbeltiere

_____

_____

**2   Ähnlichkeiten und Unterschiede der Merkmale**

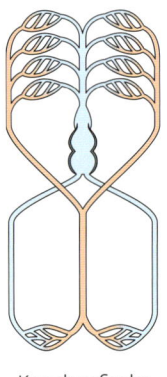
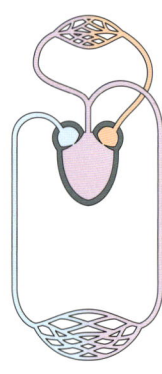
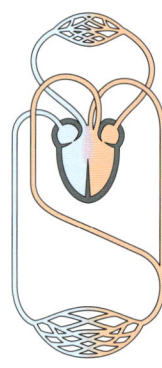
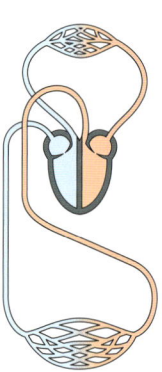
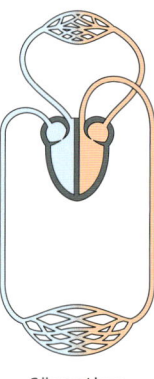

Knochenfische      Amphibien      Reptilien      Vögel      Säugetiere

Erläutere, warum der Bau der Blutkreisläufe die Annahme stützt, dass Säuger und Vögel von den Reptilien abstammen!

_____

_____

_____

_____

_____

# Verwandte des Menschen

## 1 Primaten

Menschen werden den Primaten zugeordnet. Nenne Merkmale der Primaten!

_____

_____

_____

## 2 Mensch und Schimpanse

**a)** Nenne wesentliche Unterschiede im Skelettbau von Schimpanse und Mensch!

Schimpanse: _____

_____

_____

_____

Mensch: _____

_____

_____

_____

**b)** Begründe mithilfe des dargestellten Versuchs den Vorteil der doppelt-S-förmig gebogenen Wirbelsäule für den aufrechten Gang!

_____

_____

_____

_____

_____

_____

_____

_____

# Evolution des Menschen

**1   Von *Australopithecus* bis *Homo sapiens***

**a)**  Im Zusammenhang mit der biologischen Evolution vollzog sich die kulturelle Evolution.
Gib kennzeichnende Merkmale an!

Merkmale der biologischen Evolution: _____

_____

_____

Merkmale der kulturellen Evolution: _____

_____

_____

**b)**  Erkläre, wie sich Forscher die Entstehung des aufrechten Gangs vorstellen!

_____

_____

_____

_____

_____

_____

_____

_____

**2   Der moderne Mensch**

**a)**  Erläutere die Out-of-Africa-Hypothese zur Entstehung des
*Homo sapiens*!

Homo sapiens

Homo
neander-
thalensis

Homo
erectus

Homo ergaster
**Out-of-Africa-Hypothese**

_____

_____

_____

_____

**b)**  Gib Indizien an, die diese Hypothese stützen!

_____

_____

_____

_____